Maria-Regina & Michael Altmeyer

Wir falten mit Papier

Deko, Spiele & Geschenke

christophorus

Inhalt

Faltspaß mit Papier

Papier ist ein wunderbares Material, aus dem mit wenigen Handgriffen, einer Schere, Kleber und etwas Übung lustige Figuren oder praktische Utensilien für den Schreibtisch entstehen. Vor allem Kinder lieben es, mit Papier zu basteln. Mit den bereits aus dem Kindergarten bekannten Grundfaltungen – Ziehharmonika, Hexentreppe, Himmel und Hölle oder Tütchenfaltung – gelingen ihnen eine Vielzahl unterschiedlichster Motive, die sie anschießend noch mit weiteren Papieraccessoires ausschmücken und mit Filz- und Buntstiften bunt bemalen können. Und nach dem Basteln können die Kinder mit vielen Figuren sogar spielen.
Die Arbeit mit Papier fördert die Kreativität; das Falten von Papier stärkt die Fingerfertigkeit und Feinmotorik. Papierfalten ist daher eine der besten Kinderbeschäftigungen, die man sich vorstellen kann. Weitere Bücher zum Thema finden Sie auf unserer Website unter *www.team-altmeyer.de*.

Viel Spaß beim Falten und Malen wünschen Ihnen und Ihren Kindern

Marie-Regina Altmeyer

Michael Altmeyer

Material & Hinweise

Material

Im Fachhandel werden fertige Faltblätter aus verschiedenen Papiersorten und in unterschiedlichen Stärken angeboten. Auch die Zuschnittsgrößen variieren.

- Tonzeichenpapier-Faltblätter sind relativ stark (130 g/qm) und verleihen der Faltarbeit eine hohe Stabilität.
- Die farbkräftigen Faltblätter intensiv oder superintensiv (65 g/qm) gibt es in vielen unterschiedlichen Zuschnittsgrößen.
- Die einseitig bedruckten Origami-Faltblätter (75 g/qm) und die beidseitig unterschiedlich bedruckten japanischen Origami-Faltblätter (70 g/qm) bilden die klassische Variante der Faltkunst.
- Wasserabweisende Faltblätter für den Außenbereich (Outdoor-Faltblätter) sind ebenfalls nur einseitig bedruckt. Sie eignen sich hervorragend zum Falten kleinerer Dekorationen für draußen und natürlich für schwimmende Modelle wie Boote und Schiffchen.
- Es gibt noch weitere spezielle Blätter, zum Beispiel Faltblätter, die mit Punkten oder Streifen bedruckt sind oder in den Farben des Regenbogens getönt sind.
- Für Faltarbeiten sind grundsätzlich alle Papiere geeignet, die nicht zu schwer sind (bis etwa 130 q/qm) und sich gut falten, das heißt „scharf" falten lassen. Die Papiere vorher auf die exakte Größe passend zuschneiden.

Hilfsmittel

Papierschere, Cutter (nicht für Kinder!), Lineal, Falzbein, Bleistift, Transparentpapier zum Durchpausen und eine Schneideunterlage werden bei allen Modellen gebraucht. Löcher mit einer Lochzange einstanzen. Als Klebstoff kommen Alleskleber (Kraftkleber) und Klebestifte zum Einsatz. Diese Hilfsmittel werden in den Materiallisten nicht mehr extra genannt.

Faltanleitungen & Vorlagen

- Auf dem in der Buchmitte eingehefteten Vorlagenbogen befindet sich für jedes Motiv eine Schritt-für-Schritt-Faltanleitung. Die kleinen Grafiken sind teilweise mit zusätzlichen Faltsymbolen und erläuternden Texten ergänzt.
- Außerdem sind hier sämtliche Motivteile in Originalgröße abgebildet. Diese Vorlagen mithilfe einer Schablone auf das entsprechende Papier übertragen: Hierfür Transparent- oder einfaches Butterbrotpapier auf die gewünschte Vorlage legen und das Motiv mit einem Bleistift abpausen. Dann die Transparentpapierteile auf Karton oder kräftiges Papier kleben und exakt ausschneiden. Diese Schablone auf das Werkmaterial legen und an den Umrissen sorgfältig mit Bleistift umfahren. Das Motiv an den aufgemalten Linien ausschneiden.
- Ist die Grundform fertig gefaltet, die übrigen Zubehörteile wie Augen, Nasen sowie noch fehlende Accessoires mit Klebstoff fixieren.

Linien und Muster aufmalen

Gesichts- und Dekolinien überwiegend mit einem Filzstift mit feiner Spitze auftragen. Muster mit Bunt- und Filzstiften aufmalen. Bei dunklem Untergrund – oder wenn ein besonders klarer Kontrast gewünscht wird – kommt vereinzelt auch ein weißer Lackstift zum Einsatz.

Mit Buntstiften kolorieren

Einige Motivkonturen und Ränder sind mit Buntstiften schattiert. Sie wirken so plastischer und treten besser hervor. Zum Schattieren einen Buntstift in einem dunkleren Farbton wählen, bei schwarzem oder sehr dunklem Fotokarton eignet sich ein weißer Stift. Das Motiv auf eine Unterlage legen, mit schräg gehaltenem Buntstift an der Außenkante entlangreiben und schattieren. Je weicher der Buntstift, umso besser lässt sich der Buntstiftabrieb danach mit dem Finger noch zusätzlich verwischen.

Regeln und Tipps zum Falten

Beim Anfertigen und Falten der Modelle sollten einige einfache und leicht zu beachtende Regeln eingehalten werden:

- Zu Beginn sollte man sich einen ersten Überblick über sämtliche Faltschritte des Motivs verschaffen.
- Bei jedem Faltschritt auch den nachfolgenden Schritt beachten.
- Die einzelnen Faltungen immer wieder mit der Vorlagengrafik vergleichen und auf Unstimmigkeiten prüfen.
- Auf einer festen, glatten und ebenen Fläche falten.
- Faltungen gerade und exakt ausführen. Ecken immer genau übereinanderlegen.
- Faltkanten mit dem Fingernagel oder mit einem Lineal nachfahren und „scharf" machen.
- Faltlinien an Problemstellen mit einem Falzbein oder dem Daumennagel leicht vorfalzen.
- Faltsymbole beachten. Die Bedeutung der verschiedenen Symbole wird auf der ersten Seite des Vorlagenbogens erläutert.

Wackelkuh

Material

- Tonkarton in Weiß, Grün
- 8 Tonpapierstreifen in Weiß, je 2 x 30 cm
- Papierdraht in Grün, 2 mm Ø, ca. 5 cm lang
- 2 Wattekugeln, 25 mm Ø
- Wolle in Weiß
- kleiner Zweig, ca. 20 cm lang
- Acrylfarbe in Schwarz
- Buntstifte in Rosa, Schwarz
- Filzstift in Schwarz

Vorlagen

- 1a–e Bogen A

1 Zu Beginn nach den Vorlagen 1a–d die Einzelteile der Kuh aus Tonkarton ausschneiden und die markierten Linien beim Körper einschneiden. Die Schwanzspitze und die Ponyfransen der Kuh mit einem schwarzen, das Maul mit einem rosafarbenen Buntstift aufmalen. Augen, Nasenlöcher sowie die Figurenlinien mit schwarzem Filzstift gestalten.

2 Das Fleckenmuster der Kuh mithilfe der Fingerdrucktechnik auftragen: Dazu einen oder mehrere Finger in schwarze Acrylfarbe tauchen und die Flecken beliebig auf den Körper drucken. Die Farbe gut trocknen lassen.

3 Für die Beine nach der Faltanleitung (Vorlage 1e) aus jeweils zwei Tonpapierstreifen vier Hexentreppen falten. Die beiden Wattekugeln halbieren und mit schwarzer Acrylfarbe grundieren. Nach dem Trocknen je eine Kugelhälfte mit der runden Seite an je ein Beinende kleben.

4 Beim Kopf ein Mundloch, beim Körper zwei Löcher (Aufhängung) einstechen. Den Körper an den Klebelaschen zusammenfügen. Das Kleeblatt mit einem Stängel aus Papierdraht ergänzen, in den Mund einschieben und hinten mit etwas Klebstoff fixieren. Den Kopf und den Schwanz auf den Körper kleben. Die Beine innen im Körper mit Klebstoff befestigen.

5 Zuletzt einen Wollfaden durch die Aufhängelöcher ziehen. Die Bandenden an einem kleinen Zweig als Führungsstab anknoten.

Anleitung Seite 10

Osterkörbchen

Material

Küken

- Tonpapier in Gelb, 21 x 21 cm
- Tonkarton in Weiß, Gelb, Orange
- Buntstifte in Rot, Blau
- Filzstift in Schwarz

Hühner

- Tonpapier in Weiß, 25 x 25 cm
- Tonkarton in Weiß, Gelb, Rot
- Buntstifte in Rot, Grau
- Filzstift in Schwarz

Vorlagen

- 2a–e Bogen A

1 Zuerst die Grundformen der Osterkörbchen nach Vorlage 2a falten. Anschließend aus Tonkarton die Einzelteile der Hühner (Vorlagen 2b, 2c) und der Küken (Vorlagen 2d, 2e) ausschneiden.

2 Bei den Küken die Wangen mit rotem Buntstift betonen. Mit blauem Buntstift vorn auf den Schals Streifen und auf den Rückseiten Punkte malen.

3 Bei den Hühnern die Wangen ebenfalls mit rotem Buntstift betonen, die Halskrausen mit grauem Buntstift schattieren. Gesichter und Körperlinien bei allen Figuren mit einem schwarzen Filzstift aufmalen.

4 Zuletzt die Einzelteile auf dem jeweiligen Osterkörbchen mit Klebstoff fixieren. Die Schnäbel der Küken beidseitig aufkleben.

Familie Hase

Material

- Tonkarton in Hellbraun, Rehbraun
- Karoband in Weiß-Orange, 6 mm breit, ca. 25 cm je Hase
- Buntstift in Braun
- Filzstift in Schwarz

Vorlagen

- 3a, 3b
  Bogen A

1 Die Grundformen der Hasen auf Tonkarton übertragen und ausschneiden. Die Ohren an den markierten Linien einschneiden.

2 Die Figuren an den Konturen mit einem braunen Buntstift schattieren. Augen, Nasen, Barthaare und die Linien auf den Pfoten mit einem schwarzen Filzstift andeuten.

3 Den Tonkarton an den gestrichelten Linien falzen, knicken und die Hasen an den Klebelaschen zusammenkleben. Die Schwänzchen über einen Bleistift ziehen, sodass sie sich leicht aufrollen, und mit den Enden an den Hasenrücken fixieren.

4 Zuletzt jedem Häschen ein Karoband um den Hals legen und zur Schleife binden.

Tipp

Die Häschen können auch als Stiftehalter verwendet werden: Hierfür jeweils einen Bleistift oder einen Buntstift durch einen aufgerollten Schwanz stecken.

Zettelbox-Vogel

Material

- Tonkarton in Weiß, Gelb, Orange, Rot
- 2 Faltblätter in Rot mit weißen Punkten, je 15 x 15 cm
- Buntstifte in Grün, Rot
- Filzstift in Schwarz

Vorlagen

- 4a–d
  Bogen A

1 Die Einzelteile des Vogels nach den Vorlagen 4a–c aus Tonkarton schneiden. Beim Vogelkörper die gestrichelten Linien falzen.

2 Die bunten Muster auf Körper und Schwanz mit Buntstiften gestalten; Pupillen, Schnabel- und Fußlinien mit einem schwarzen Filzstift aufmalen.

3 Den Körper an den Klebelaschen zusammenfügen. Füße, Augen und Schnabelteile aufkleben.

4 Für die beiden Flügel aus den Faltblättern je eine Ziehharmonika nach Vorlage 4d falten. Die Flügel seitlich auf den Körper kleben und etwas auseinanderfächern.

Tipp

Den Bauch mit Zetteln füllen und den Vogel als Zettelbox benutzen.

Anleitung Seite 18

Segelboote

Material

- Tonpapier in Weiß
- Outdoor-Faltblatt in Weiß, 15 x 15 cm
- Outdoor-Faltblätter, je 15 x 15 cm:
  - in Weiß mit blauen Punkten
  - in Grün mit Punkten
- 3 Styroporreste, 2 cm stark, je 5,3 x 7,3 cm
- 3 Holzperlen, 8 mm Ø
- 3 Holzstäbchen, je ca. 11 cm lang
- Zahnstocher
- Buntstifte in verschiedenen Farben
- Filzstift in Schwarz

Vorlagen

- 5a–e
  Bogen A

1 Für die Boote die Faltblätter auf eine Größe von 11 x 15 cm zuschneiden, für das Dreieckssegel auf eine Größe von 8 x 8 cm. Für die Wimpel einen Zuschnitt von 3 x 7 cm quer zur Hälfte falten. Die weißen Faltblattzuschnitte mit verschiedenen Stiften beliebig bemalen.

2 Die Grundformen der Boote nach Vorlage 5a falten. Zur besseren Stabilität jeweils einen Styroporrest in die Boote legen; die Styroporeinlage vorher mit einem Holzstäbchen in der Mitte markieren. Die Holzstäbchen (Mast) an einem Ende mit einer Holzperle verzieren.

3 Die Segel und Wimpel nach den Vorlagen 5b–d falten bzw. zuschneiden und lochen. Die rechteckigen Segel jeweils auf einen Mast schieben. Das Dreieckssegel sowie die Wimpel um einen Mast legen und festkleben. Die Masten jeweils in die markierte Mitte der Styroporeinlage stecken.

4 Nach Vorlage 5e kleine Spielfiguren auf Tonpapier übertragen, bemalen und mit einem kleinen Rand ausschneiden. Auf die Rückseite jeder Figur einen Zahnstocher fixieren. Anschließend die Figuren beliebig in den Booten platzieren.

Tipp

Die kleinen Boote können auch aus „normalen" Faltblättern gebastelt werden. Allerdings sollten sie dann nur auf dem Trockenen segeln, denn einfache Faltblätter sind – im Gegensatz zu Outdoor-Faltblättern – nicht wasserfest.

Kleine Ballerina

Material

- Faltblatt „Blumen türkis“, 10 x 20 cm
- Tonkarton in Hautfarbe, Gelb, Pink
- Papierdraht in Weiß, 2 mm Ø, ca. 30 cm
- Holzstäbchen, ca. 30 cm lang
- Satinband in Pink:
  - 3 mm breit, 50 cm
  - 7 mm breit, 25 cm
- Lackstift in Weiß
- Buntstift in Hellbraun
- Filzstifte in Pink, Schwarz
- Heißkleber

Vorlagen

- 6a–d Bogen A

1 Zu Beginn das geblümte Faltblatt (Kleid) nach Vorlage 6a quer zur Ziehharmonika falten. Anschließend ein Holzstäbchen zwischen die Falten des Ballerinakleids schieben, das obere Stabende als „Halsende“ etwas herausschauen lassen und mit Klebstoff fixieren.

2 Beim Kleid etwa 3 cm nach unten messen und die Taille mit einem breiten Satinband abbinden. Nach den Vorlagen 6b–d alle Einzelteile aus Tonkarton zuschneiden und bemalen. Die Haare auf den Kopf kleben.

3 Für die Ringelzöpfe schmale Tonkartonstreifen, je 2 mm x 5 cm, eng um ein Holzstäbchen wickeln, wieder abziehen und seitlich am Kopf fixieren. Die Zöpfe mit Schleifen aus Satinband, 3 mm breit, schmücken.

4 Die Kragenspitzen über ein Holzstäbchen ziehen und leicht nach unten wölben. Dann den Kragen in der Mitte lochen und auf den Hals (Holzstäbchen) schieben. Darüber den Ballerinakopf fixieren.

5 Als Arme auf der Rückseite der Ballerina einen 10 cm langen Papierdraht mit Heißkleber befestigen. An den Drahtenden die Hände ankleben.

6 Als Beine je einen 9 cm langen Papierdraht in den Rockfalten fixieren. Die Ballettschühchen aufkleben und mit je einer kleinen Schleife aus Satinband dekorieren.

Stickeralben

Material

Prinzessin
- Fotokarton in Gelb
- 2 Tonpapierstreifen in Rosa, je 10 x 20 cm
- Tonkarton-Einlegeblätter in Lila, je 10 x 13 cm
- 2 Holzperlen, 10 mm Ø
- Gummifaden in Lila, 1 mm Ø, ca. 20 cm
- Glitter-Pen in Gold
- Buntstifte in Weiß, Rosa, Pink
- Filzstift in Pink

Pirat
- Fotokarton in Türkis
- 2 Tonpapierstreifen in Schwarz, je 10 x 20 cm
- Tonkarton-Einlegeblätter in Rot, je 10 x 13 cm
- 2 Holzperlen, 10 mm Ø
- Gummifaden in Rot, 1 mm Ø, ca. 20 cm
- Buntstifte in Weiß, Schwarz
- Filzstift in Schwarz

Vorlagen
- 6a, 7a–c Bogen A

1 Die Grundformen der Alben nach Vorlage 7a aus Fotokarton ausschneiden. Den Karton an der gestrichelten Linie falzen und an den Markierungen die Löcher für das Verschlussband einstechen.
Für das Piratenalbum die Kartonränder mit schwarzem Buntstift, für das Prinzessinnenalbum mit rosafarbenem Buntstift schattieren. Anschließend die halbrunden Verschlussdeckel mit dem jeweiligen Motiv (Vorlagen 7b und 7c) bemalen, die Motivränder mit Filzstift nachziehen. Bei dem Prinzessinnenalbum einige Glitzereffekte mit Glitter-Pen auftragen.

2 Bei beiden Alben durch die Befestigungslöcher je einen Gummifaden, 10 cm lang, ziehen, dabei auf jeden Faden eine Holzperle fädeln. Die Fadenenden auf der Rückseite miteinander verknoten. Für die gefächerte Innentasche die beiden Tonpapierstreifen nach Vorlage 6a quer zur Ziehharmonika falten. Dann beliebig viele Einlegeblätter aus Tonkarton zuschneiden und zunächst auf einer Seite gleichmäßig verteilt und bündig in die Falten eines Ziehharmonikastreifens einpassen. Danach die andere Seite fixieren.

3 Zum Schluss den Innenfächer in die Grundform einkleben. Zum Verschließen und Öffnen die Verschlussbänder mit den Holzperlen ineinanderlegen bzw. trennen.

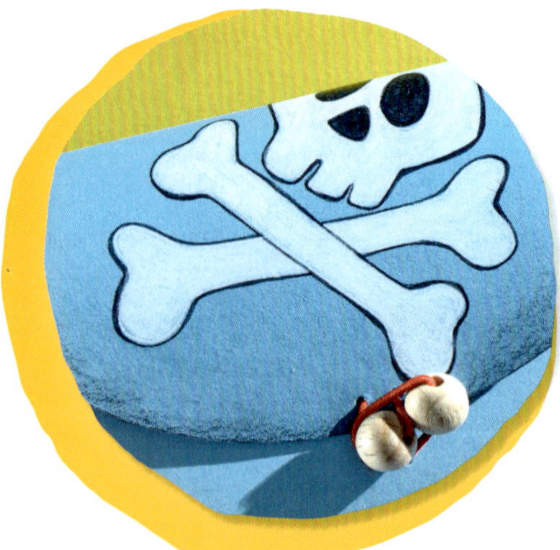

Anleitung Seite 26

Zauberer & Clown

Material

Für beide Stabfiguren
- Holzstäbchen
- Motivlocher „Blume“, 15 mm Ø

Zauberer
- Fotokarton in Weiß, Hautfarbe, Rosa, Violett
- Tonpapier in Schwarz, 15 x 15 cm
- 2 Brads (Musterklammern) in Silber, 4 mm Ø
- Glitter-Pen in Silber
- Buntstifte in Weiß, Rot
- Lackstift in Weiß
- Filzstift in Schwarz

Clown
- Tonkarton in Weiß, Hautfarbe, Orange, Rot, Hellgrün, Blau
- Tonpapier in Violett, 18 x 18 cm
- Filzstifte in Gelb, Schwarz
- Lackstift in Weiß

Vorlagen
- 8a–e Bogen A

Zauberer

Den schwarzen Zauberhut nach Vorlage 8a aus schwarzem Tonpapier falten, eine Hutkrempe (Vorlage 8b) fixieren und ausgestanzte Blüten ergänzen. Den Hut schattieren und bemalen. Die restlichen Motivteile nach den Vorlagen 8c und 8d aus Fotokarton zuschneiden und der Abbildung entsprechend bemalen bzw. schattieren. Den Karton an den markierten Stellen lochen. Den Zauberer zusammenfügen, dabei den Arm mit einem Brad befestigen. Den schwarzen Hut am Zauberer anbringen. Den Hasen an einem Holzstäbchen fixieren und das Stäbchen in den Zauberhut einschieben. Die Zaubererhand und das Hasenohr mit einem Brad verbinden.

Clown

Die Einzelteile des Clowns (Vorlage 8e) aus Tonkarton zuschneiden, zusammenfügen und der Abbildung entsprechend mit den Stiften gestalten. Aus Tonpapier eine Tasche nach Vorlage 8a falten. Farbige Blüten ausstanzen, mit einem Filz- bzw. Lackstift die Blütenmitten andeuten und auf den Clownshut sowie die Tasche kleben. Zuletzt ein Holzstäbchen auf die Rückseite des Clowns kleben und den Clown mit dem Stäbchen in die Tasche einschieben.

Gespenst & Fledermaus

Material

Für beide Figuren
- Filzstift in Schwarz

Gespenst
- Tonkarton in Weiß
- 2 Tonpapierstreifen in Weiß, je 1,5 x 16,5 cm
- Buntstift in Grau

Fledermaus
- Tonkarton in Weiß, Grau
- 2 Tonzeichenpapier-Faltblätter in Schwarz, je 6 x 6 cm
- Buntstifte in Weiß, Schwarz

Vorlagen
- 1e Bogen A
- 9a–c Bogen B

1 Die Einzelteile des Gespenstes (Vorlage 9a) und der Fledermaus (Vorlage 9b) aus Tonkarton zuschneiden. Mit einer Prickelnadel oder einer kleinen Schere die runden Öffnungen zum Durchstecken der Finger heraustrennen.

2 Mit Buntstiften die Konturen der Figuren schattieren. Mit einem schwarzen Filzstift die Gesichts- und Körperlinien sowie die Augen aufmalen. Bei der Fledermaus für die Augen und Zähne kleine Dreiecke aus weißem Tonkarton aufkleben.

3 Für das Gespenst nach Vorlage 1e eine Hexentreppe aus zwei Tonpapierstreifen falten und die Enden jeweils hinter Kopf und Körper kleben.

4 Aus den Faltblättern nach Vorlage 9c die beiden Flügel der Fledermaus falten. Die Flügellinien mit einem weißen Buntstift aufmalen. Anschließend die Flügel seitlich hinter die Fledermaus kleben.

Tipp

Einen zusätzlichen Gruselfaktor erhalten Fledermaus und Gespenst mit Nachtleuchtfarbe (für Acrylfarben). Die Farbe nach Verpackungsanleitung auftragen und gut trocknen lassen. Die Figuren im Sonnenlicht oder unter einer Lampe „aufladen" – und schon beginnt die Gruselstunde im Dunkeln.

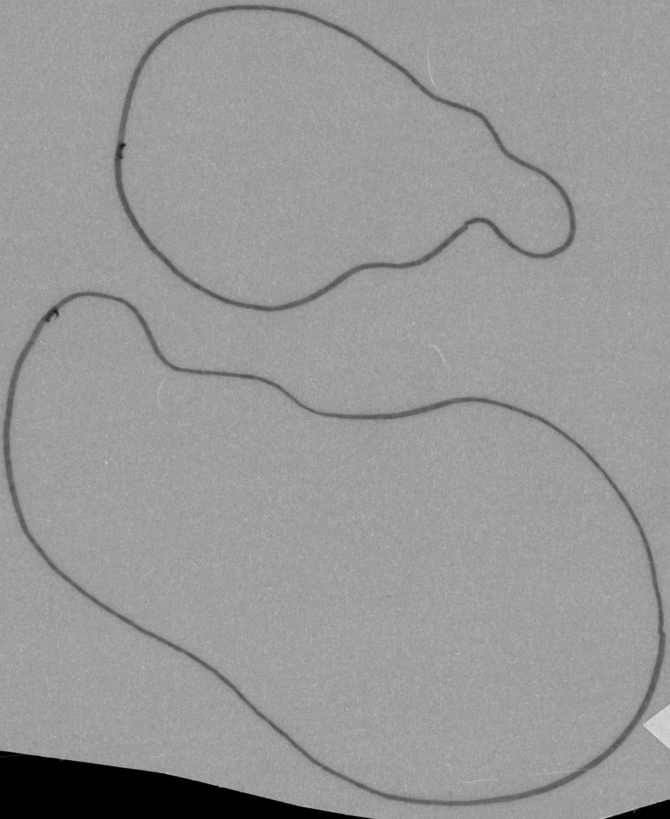

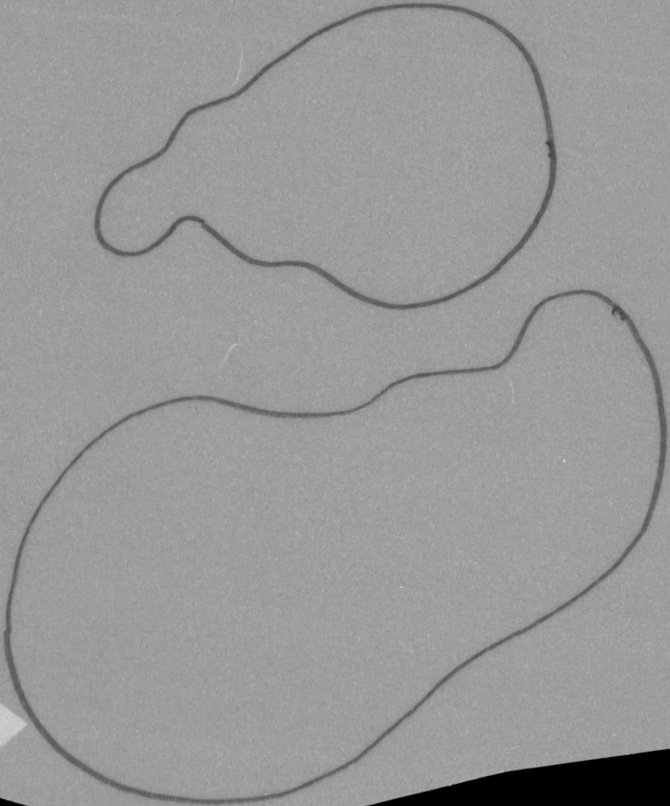

Roboter-Dose

Material

- leere Dose (z. B. Cappuccino-Dose), ca. 8,5 cm Ø, ca. 13 cm hoch
- Alufolie (aus der Küche)
- Hologrammfolie, selbstklebend, in Silber
- Tonkarton in Weiß, Hellviolett, Flieder
- 4 Tonpapierstreifen in Flieder, je 2 x 30 cm
- Metallic-Kordel mit Draht in Silber, 10 cm, 1,5 mm Ø
- Buntstift in Schwarz
- Filzstift in Schwarz
- 3D-Klebepads

Vorlagen

- 1e
  Bogen A
- 10a–c
  Bogen B

1 Zu Beginn den genauen Umfang und die Höhe der Dose messen und aus der Hologrammfolie einen entsprechend großen Streifen zuschneiden. Den Streifen um die Dose legen und fixieren; darauf rundherum einen etwa 4,5 cm breiten „Bauchstreifen" aus fliederfarbenem Tonkarton kleben.

2 Nach den Vorlagen 10a–c die restlichen Einzelteile aus Tonkarton zuschneiden. Die Konturen mit Buntstift schattieren. Pupillen, Zähne und Linien mit einem Filzstift aufmalen.

3 Augen und Mund auf den Roboterkopf kleben. Zwei Metallic-Kordeln, je 5 cm lang, als Antennen hinter dem Kopf fixieren; die Antennenenden mit je einem aufgeklebten Glitzerstern verzieren, dazu die Sterne aus Tonkarton ausschneiden und mit Hologrammfolie bekleben.

4 Die auf dem Roboter angedeuteten Schraubenköpfe aus Alufolie formen. Die Folie in der Hand zu Kügelchen rollen und entsprechend der Abbildung auf Kopf, Füße und Bauchstreifen kleben.

5 Für die Arme nach der Vorlage 1e aus jeweils zwei Tonpapierstreifen zwei Hexentreppen falten. Die Arme seitlich an der Dose befestigen und die Armenden mit den Roboterhänden ergänzen. Zuletzt den Kopf und die Füße mit 3D-Klebepads am Roboter anbringen.

Tipp

Die Roboterdose eignet sich ideal als Behälter für allerlei Krimskrams. Oder einfach Buntstifte, Filzstifte und Pinsel darin aufbewahren.

Anleitung Seite 34

Mäusefest

Material

- Tonkarton in Gelb, Rosa, Grau
- Seidenpapier in Schwarz
- Papierdraht in Weiß, 2 mm Ø, 15 cm
- Leinenzwirn in Schwarz
- Buntstift in Hellbraun
- Filzstifte in Braun, Schwarz

Vorlagen

- 11a–c Bogen B

Mäuse

Die Einzelteile der Mäuse nach den Vorlagen 11a und 11b aus Tonkarton zuschneiden und falzen. Die Schachtelzuschnitte an den Markierungen einschneiden, das gelbe Namensschild lochen. Mit einem Stift die Gesichter gestalten. Anschließend die Zuschnitte (Körper und Köpfe) in ihre Form falten und zusammenkleben. Die übrigen Einzelteile ergänzen: die Innenohren, den Papierschwanz bei der großen Maus (vorher leicht über einen Bleistift ziehen), den Drahtschwanz bei der kleinen Maus (den Draht über einem Bleistift zur Spirale formen) sowie das beschriftete und bemalte Schild. Zum Schluss mit einer Nadel durch die Nasenspitzen der Mäuse mehrere etwa 5 bis 6 cm lange Zwirnsfäden ziehen. Aus Seidenpapier zwei Kügelchen rollen und als Nasen ergänzen.

Käseschachtel

Den Schachtelzuschnitt nach Vorlage 11c aus gelbem Tonkarton zuschneiden. Den Karton an den gestrichelten Linien falzen und an den Markierungen einschneiden. Die angedeuteten Käselöcher mit einem braunen Buntstift aufmalen, dabei zu den Rändern hin etwas dunkler schattieren. Die Konturen mit einem braunen Filzstift nachzeichnen. Zuletzt den Karton zu einer Schachtel falten und mit Klebstoff fixieren.

Leo

Dinosaurier

Material

- Fotokarton in Türkis, Hellbraun
- Buntstifte in Dunkelblau, Schwarz
- Lackstift in Weiß
- Filzstift in Schwarz

Vorlagen

- 12a–c
  Bogen B

1 Die Einzelteile des Dinosauriers auf Fotokarton übertragen und ausschneiden. Den Karton an den gestrichelten Linien falzen.

2 Das Punktemuster mit Buntstiften auf den Körper malen und die Konturen schattieren. Augen, Zähne und Zehenkrallen mit einem weißen Lackstift aufmalen. Die Gesichtslinien und die Pupillen mit Filzstift auftragen.

3 Den Dinosaurier an den Klebelaschen zusammenfügen. Den Tonkartonstreifen für die Rückenzacken zu einer breiten Ziehharmonika falten, etwas auseinanderziehen und auf dem Dinosaurierrücken fixieren.

Anleitung Seite 40

Schneemann-Mobile

Material

- Tonpapier in Weiß, 8 x 8 cm
- Tonkarton in Orange, Hellgrün, Hellblau, Blau, Lila
- Mobiledraht:
  - 1x 20 cm
  - 2x 15 cm
- 17 Pompons in Weiß, 10 mm Ø
- Motivlocher „Schneeflocke", 25 mm Ø
- Baumwollgarn in Weiß
- Buntstifte in Weiß, Orange, Hellgrün, Hellblau, Blau, Lila
- Filzstift in Schwarz
- 3D-Klebepads

Vorlagen

- 9c, 13a, 13b Bogen B

1 Die Körper der Schneemänner nach Vorlage 9c aus weißem Tonpapier falten; beidseitig die Spitzen mit Buntstift einfärben (Hutspitzen). Die übrigen Einzelteile aus Tonkarton zuschneiden (Vorlagen 13a, 13b). Mit einem schwarzen Filzstift die Gesichter aufmalen; mit Buntstiften die Muster der Abbildung entsprechend auf die Schneemänner und deren Schmuckteile auftragen.

2 Die Nasen der Schneemänner mit je einem Klebepad fixieren. Anschließend die Knöpfe, die Schleife und das Halstuch ebenfalls mit Klebepads befestigen. Nun die Schlitze in den Hutkrempen (Vorlage 13b) mit einem Cutter vorsichtig auftrennen und die Krempen auf die farbigen Spitzen der Schneemänner schieben. In die Hutspitzen mit einer Nadel jeweils ein kleines Loch stechen und Baumwollgarn als Aufhängefaden durchfädeln. Auf die Fäden mehrere Pompons mit einer Nadel aufziehen.

3 Die Schneemänner mit den Aufhängebändern an Mobiledrähten anknüpfen. Zum Schluss mit einem Motivlocher aus hellblauem Tonkarton Schneekristalle ausstanzen und jeweils zwei Kristalle an den Haltedrähten aufeinanderkleben. Die Drähte mit Baumwollgarn zu einem Mobile zusammenfügen, dabei Pompons bzw. Schneekristalle ergänzen.

Anleitung Seite 44

Hirte, Schaf & Engel

Material

- Tonpapier in Weiß, Grün, je 8 x 8 cm
- Goldpapier mit Sternchenprägung, 4 x 8 cm
- Tonkarton in Weiß, Hautfarbe, Gelb, Hellbraun
- Seidenpapier in Weiß, Schwarz
- Motivlocher „Stern", 15 mm Ø
- Goldstift
- Buntstifte in Rot, Braun
- Filzstift in Schwarz

Vorlagen
- 14a–c Bogen B

1 Zu Beginn die verschiedenen Köpfe und Haare nach Vorlage 14a aus Tonkarton zuschneiden. Für das Flügelpaar das Goldpapier quer zur Hälfte legen, den Flügel aufmalen (Vorlage 14b) und ausschneiden. Die Haare und den Bart des Hirten einschneiden.

2 Die Gesichter und beim Engel die Frisur mit Filz- und Buntstiften aufmalen. Die Konturen teilweise schattieren.

3 Die einzelnen Köpfe nach Abbildung zusammenfügen. Ein Goldsternchen ausstanzen und dem Engel auf die Stirn kleben. Für die Haare des Schafs weißes Seidenpapier in kleine Stücke reißen, zu fünf Kügelchen rollen und aufkleben.

4 Nach Vorlage 14c die Grundformen der Körper aus dem entsprechenden Tonpapier falten und zusammenkleben. Auf den Engelkörper mit Goldstift Punkte aufmalen.

5 Den Schafkörper rundherum mit weißen Seidenpapierkügelchen bekleben; beim Hirten schwarze Kügelchen als Knöpfe fixieren. Für den Hirtenstab das Ende eines Tonkartonstreifens, 5 mm x 9 cm, über ein Holzstäbchen ziehen. Den Hirtenstab fixieren. Das Flügelpaar auf den Engelrücken kleben, vorn ein weiteres Goldsternchen platzieren.

6 Zuletzt die Köpfe auf die entsprechenden Faltkörper kleben. Die Haare und den Bart des Hirten etwas in Form bringen.

Frohe Weihnachten

Material

Für beide Anhänger
- Goldkordel, ca. 40 cm
- Filzstift in Schwarz
- 3D-Klebepads

Weihnachtsmann
- Tonkarton in Weiß, Hautfarbe, Rot
- Tonpapier in Rot, 15 x 15 cm
- Buntstifte in Rot, Grau

Engel
- Tonkarton in Weiß, Hautfarbe, Hellbraun
- Tonpapier in Gold, matt, 15 x 15 cm
- Alukarton in Gold
- Motivlocher „Stern", 15 mm Ø
- Goldstift
- Buntstifte in Rot, Hellbraun

Vorlagen
- 15a–f Bogen B

Weihnachtsmann

1 Den Mantel nach Vorlage 15a aus rotem Tonpapier falten und zuschneiden. Die übrigen Motivteile nach den Vorlagen 15b–d aus Tonkarton arbeiten. Alle Motiveinzelteile der Abbildung entsprechend bemalen und schattieren. Das Gesicht auf den Rauschebart kleben, mit Augen und Schnauzbart ergänzen. Mit einem Klebepad die Nase fixieren. Den Bommel an die Mützenspitze kleben und den Kopf auf der Mütze anbringen.

2 Den Kopf des Weihnachtsmanns auf den gefalteten Mantel kleben. Die drei Knöpfe mit je einem Klebepad befestigen. Zuletzt die beiden Teile des Namensschildes (Vorlage 15d) mit dem Karomuster bzw. dem Schriftzug versehen und mit Klebepads aufeinanderkleben. In Schild und Bommel je ein Loch stechen und beide mit einer Goldkordel verbinden.

Engel

1 Das Kleid des Engels nach Vorlage 15a aus Tonpapier falten und zuschneiden. Die übrigen Motivteile nach den Vorlagen 15e und 15f aus Tonkarton arbeiten. Mit Buntstiften die Konturen des Flügelpaars und des Gesichts schattieren. Das Gesicht und die Haarlinien mit Filzstift aufmalen. Das Gesicht mit dem unteren Drittel auf das gefaltete Kleid kleben. Dann die Haare auf dem Rücken fixieren, die Flügel mit einem Klebepad befestigen.

2 Ein Aufhängeloch in die Stirn des Engels stanzen und eine Goldkordel als Aufhängeband durchfädeln. Drei Goldsternchen aus Alukarton ausstanzen, auf Stirn und Kleid verteilen und mit je einem Klebepad fixieren. Die beiden Teile des Namensschildchens (Vorlage 15d) mit Klebepads aufeinanderkleben und beschriften. In das untere Schildteil aus Alukarton ein Loch stanzen, das freie Kordelende durchziehen und verknoten.

Tipp

Der Weihnachtsmann und der Engel eignen sich nicht nur als Geschenkanhänger – auch am Weihnachtsbaum machen sie eine gute Figur.

Für Dich
Frohes Fest

Impressum

Entwürfe und Realisation:
Maria-Regina und Michael Altmeyer
Redaktion: Franziska Schlesinger
Fotos und Styling: Fotostudio Annette Hempfling
Gesamtgestaltung: GrafikwerkFreiburg
Reproduktion: Meyle + Müller GmbH & Co. KG, Pforzheim
Druck und Verarbeitung: Himmer AG, Augsburg

ISBN 978-3-8388-3500-6
Art.-Nr. CV3500

Autoren und Verlag haben alle Angaben und Anleitungen mit größtmöglicher Sorgfalt zusammengestellt. Dennoch kann bei Fehlern keinerlei Haftung für direkte oder indirekte Folgen übernommen werden. Der Verlag übernimmt keine Gewähr und keine Haftung für die Verfügbarkeit der gezeigten Materialien.

Herstellerverzeichnis

- Heyda, Baier & Schneider GmbH & Co. KG
- Kreul GmbH & Co. KG
- Rayher Hobby GmbH

Kreativ-Service

Sie haben Fragen zu den Büchern und Materialien? Frau Erika Noll ist für Sie da und berät Sie rund um alle Kreativthemen. Rufen Sie an! Wir interessieren uns auch für Ihre eigenen Ideen und Anregungen. Sie erreichen Frau Noll per E-Mail: **mail@kreativ-service.info** oder Tel.: **+49 (0) 5052/91 18 58** Montag–Donnerstag: 9–17 Uhr / Freitag: 9–13 Uhr

Besuchen Sie uns im Internet: www.christophorus-verlag.de